TOO SAUMON

Conception et réalisation graphique :
la tête moderne Carine Turin & Marc Deroin

Connectez-vous sur : www.lamartinieregroupe.com

ISBN : 978-2-7324-5014-8

Jacques Le Divellec

TOO SAUMON

Photographies : **Catherine Madani**
Stylisme : Virginie Martin
Collaboration rédactionnelle : **Sophie Brissaud**

Éditions de La Martinière

TOO SAUMON DE JACQUES LE DIVELLEC

Tour à tour poisson commun ou de luxe, le saumon a connu des destins changeants. Au XXe siècle, c'était un produit cher, la pollution des eaux ayant raréfié le saumon sauvage. L'aquaculture l'a rendu de nouveau abordable, sans le priver de sa dimension festive. C'est un poisson familial : tout le monde l'aime et chacun le préfère sous une forme ou une autre : fumé, frais, mariné... Encore faut-il savoir le choisir et le préparer, et c'est pourquoi j'ai écrit ce livre.

Le saumon est intéressant pour le consommateur en raison de son haut rendement culinaire. Il produit peu de parures, ses nageoires sont petites et même ses tripes sont peu abondantes. Il donc aussi économique que délicieux, surtout s'il est acheté entier, ce qui est la meilleure façon de l'acquérir.

C'est dans les îles de Bergen, dans le nord de la Norvège, que j'ai vraiment découvert le saumon dans les années 60. Ce voyage répondait à une curiosité : je désirais savoir comment et dans quel milieu naturel ce poisson pouvait être élevé. Le novice en aquaculture que j'étais alors s'est vite rendu compte que les soins et la nourriture prodigués au saumon d'élevage présentaient des contraintes importantes. Je me suis mis à étudier la question dans une perspective mondiale. J'ai contrôlé, goûté, éliminé certaines provenances : en définitive, c'était en Norvège que la qualité était le mieux respectée.

Depuis, j'ai été un ambassadeur du saumon et je l'ai mis au menu de nombreuses tables. À présent, j'estime qu'il représente une valeur sûre, et c'est pourquoi je me permets de vous donner ces recettes à base de saumon de qualité.

SOM-MAIRE

RECETTES DE BASE ET PAS À PAS 8

Introduction **10**
Conseils d'achat et de conservation **11**
Ustensiles **12**
Lever les filets **14**
Carpaccio **16**
Gravlax **17**
Tartare **18**
Court-bouillon pour saumon **20**
Fumet de poisson **20**
Jus de coquillages **21**
Beurre blanc **24**
Sauce Nantua simplifiée **24**
Sauce crémé d'échalote **25**
Sauce hollandaise **26**
Mayonnaise **26**
Mayonnaise pomme-curry **27**
Sauce tartare **27**
Sauce gribiche **28**
Aïoli **28**
Rouille **29**
Vinaigrette de base **32**
Vinaigrettes variantes **32**
Vinaigrette aux algues **33**
Vinaigrette tiède au gingembre **33**

SAUMON CRU ET MARINÉ 36

Carpaccio de saumon **38**
Carpaccio de saumon, fenouil et carotte **40**
Carpaccio de saumon aux œufs de hareng **42**
Tartare de saumon **44**
Tartare de saumon aux œufs de saumon et radis noir **46**
Saumon cru, topinambour et tapenade **48**
Gravlax (saumon mariné à la scandinave) **50**
Saumon pommes à l'huile (gravlax façon hareng) **52**
Médaillons de saumon cru et de veau **54**

SAUMON FUMÉ 56

Saumon fumé maison 58
Rouleaux de saumon fumé, peau de saumon grillée 60
Choucroute au saumon fumé 62
Salade au saumon fumé 64
Rillettes de saumon fumé 66
Verrine de saumon fumé au potimarron 68
Risotto au saumon fumé 70
Mousse de saumon fumé au caviar 72
Saumon fumé au court-bouillon 74

SAUMON CUIT 76

Hamburger de saumon 78
Saumon confit à la graisse de canard 80
Merlan en voile de saumon, jus de persil 82
Saumon à l'unilatéral 84
Ventrèche de saumon façon milanaise (tablier de la mer) 86
Saumon poché entier 88
Gravlax à l'émincé de chou vert 90
Pommes de terre au diable et gravlax 92
Saumon au four à la tapenade 94
Saumon à la vapeur d'aneth 96
Saumon et légumes en papillote 98
Saumon rôti au four en croûte de sel 100
Saumon cuit au four à micro-ondes 102
Blanquette de saumon aux truffes 104
Soupe à la tête de saumon 106
Conserve de saumon 108
Terrine de saumon 110
Aspic de saumon 112
Saumon et foie gras sauce Périgueux 114
Ravioles de saumon au caviar 116
Saumon en ravioles aux légumes 118

ANNEXES 120

Index de A à Z 122
Index des sauces 124
Shopping et remerciements 126

RECETTES **DE** BASE PAS À PAS

INTRO-
DUCTION

Le saumon est un beau poisson de la famille des salmonidés, présent dans le monde entier. Bien qu'il puisse atteindre une grande taille, il dépasse rarement le mètre sur l'étal du poissonnier.
Il est anadrome, ce qui signifie qu'il vit en eau salée et fraie en eau douce.
En tant que poisson de consommation, le saumon a connu des sorts variables : commun jusqu'au XXe siècle, il s'est raréfié dans les cours d'eau et a dû attendre l'avènement de l'aquaculture, dans les années 70, pour redevenir abordable.
Il varie largement en qualité selon ses conditions d'élevage et de nourriture.

Deux espèces sont vendues dans le monde sous le nom de saumon : le saumon de l'Atlantique (*Salmo salar*), désormais d'élevage à 93 %, et le saumon du Pacifique (*Oncorhynchus*), sauvage à 88 %. En Atlantique, le saumon sauvage est devenu très rare.

Le plus gros producteur mondial de saumon atlantique est la Norvège, suivie en Europe par l'Écosse et l'Irlande. En France, il existe des élevages d'excellents saumons dans l'Aber-Vrac'h et en rade de Cherbourg. D'une manière générale, la qualité du saumon d'élevage s'est beaucoup améliorée depuis les débuts : entre autres, le taux d'antibiotiques a été abaissé à 1 % de son volume initial.
Les œufs de saumon s'achètent en bocal. Ils sont préparés au sel, « façon caviar ». Ceux de saumon du Pacifique (keta) sont très estimés.

CONSEILS **D'ACHAT** ET DE **CONSERVATION**

Les principes sont les mêmes que pour tout autre poisson : la chair doit être bien ferme, les ouïes et l'œil brillants, les écailles luisantes et serrées. La gueule ouverte est un signe de pêche récente. Un doigt posé sur le flanc du saumon ne doit pas laisser de marque, ce qui trahirait un manque de fraîcheur. Le poisson, bien entendu, ne doit dégager aucune odeur désagréable. Si la chair est trop grasse (très infiltrée de blanc), c'est que le saumon a été mal élevé, avec une croissance trop rapide.

N'oubliez pas : si vous désirez préparer un gravlax ou un saumon poché, il est inutile de faire écailler le saumon par votre poissonnier. Pour le saumon grillé, poêlé ou rôti, faites-le écailler avant découpage.

La couleur n'est pas un indicatif d'une fiabilité absolue, car elle dépend des élevages mais aussi des attentes du public d'un pays à l'autre. La chair du saumon atlantique sauvage est naturellement colorée en fonction de l'alimentation : les crustacés produisent une chair orangée et les poissons une chair pâle. La couleur orangée est due à un pigment caroténoïde, l'astaxanthine, présent dans les carapaces des crustacés. En aquaculture, on ajoute souvent ce colorant naturel. Un saumon d'élevage très rouge ne sera pas le meilleur, il aura juste reçu plus de caroténoïdes. Préférez donc une chair rose pâle, qu'elle soit fraîche ou fumée. Ces précisions ne s'appliquent pas au saumon sauvage du Pacifique, plus coloré et moins gras que son congénère atlantique.

Après achat, vous pouvez garder votre saumon au frais quatre jours au maximum. S'il doit attendre, gardez-le sur une couche de gros sel et rincez-le avant de le préparer. Un saumon sauvage de pêche récente se conservera 48 heures de plus.

USTENSILES

Pour trancher le saumon fumé ou le gravlax, il vous faut un couteau à saumon ou un tranche-lard, à lame longue et droite.

Un bon couteau filet-de-sole, à lame longue et souple, vous aidera à lever les filets en tranchant le long de l'arête.

Une paire de ciseaux forts vous servira à ouvrir et ébarber le poisson (c'est-à-dire à couper les nageoires), à retirer les ouïes…

Il vous faut aussi un écailleur bien conçu pour ne pas endommager la peau. Si vous trouvez un écailleur japonais en métal à surface crénelée, c'est idéal.

Un sac en plastique assez grand, de préférence transparent, vous évitera d'envoyer des écailles dans toute votre cuisine quand vous écaillerez votre saumon.

La pince à arêtes, sorte de pince à épiler adaptée au poisson, est indispensable pour retirer les arêtes restant dans la chair. Pour vous en servir, saisissez solidement l'arête avec la pince, puis décrivez un mouvement tournant avant de tirer vers le haut.

Enfin, n'oubliez pas la poissonnière munie d'une grille et d'un couvercle.

UN DERNIER MOT

Ce livre est un traité du saumon en cuisine ; son objectif est de vous offrir tout l'éventail de ses préparations. Au-delà des ingrédients figurant dans les recettes, chacune vous informe sur un mode de cuisson : cru, fumé, grillé, rôti, poché, vapeur… Ainsi, vous pouvez varier sur les garnitures et appliquer votre imagination à ces recettes de base.

LISTE DES USTENSILES

1 Couteau filet-de-sole, pour lever les filets
2 Tranchoir pour le saumon fumé et le gravlax
3 Couteau à lame épaisse pour sectionner les arêtes et portionner le poisson
4 Pince à arêtes en acier inoxydable

1 Fumoir de table

LEVER
LES FILETS

1 Coupez la tête du saumon par une incision nette, en biais, derrière les ouïes et la nageoire pectorale. Faites la même incision sur l'autre face, puis détachez la tête.

2 Incisez le saumon tout le long du dos, en suivant l'arête dorsale, puis dirigez peu à peu la lame du couteau vers l'arête centrale, toujours de la tête à la queue, et en gardant la lame proche des arêtes. Une fois le filet détaché, procédez de même pour l'autre filet.

3 En partant du centre du filet, passez la lame en dessous des longues arêtes ventrales afin de les détacher. Coupez la partie grasse au bas du filet.

4 À l'aide d'une pince à arêtes, retirez les arêtes restantes après les avoir repérées du bout des doigts. Pour retirer une arête, saisissez-la solidement avec la pince, faites pivoter l'arête, puis tirez fermement mais lentement.

1 À l'aide d'un tranchoir, incisez lentement le poisson côté chair, par petits coups, en gardant la lame bien perpendiculaire à l'axe du filet et en rasant la peau afin d'obtenir une tranche large et fine.

2 Servez-vous du dos de la lame pour soulever la tranche et la déposer sur un plat.

GRAVLAX

1 Étalez le mélange sucre, sel, poivre et aneth sur une grande feuille de film étirable. Déposez-y le filet de saumon côté peau vers le bas.

2 Recouvrez le côté chair d'une fine couche de mélange sel-sucre et enveloppez le tout dans la feuille de film étirable avant de laisser mariner au frais.

1 Retirez la peau du saumon en passant un tranchoir entre la peau et la chair de la queue à la tête, côté peau vers le bas. Gardez toujours la lame contre la peau et maintenez solidement celle-ci de votre autre main.

2 Retournez le filet et retirez la partie grise à l'aide du tranchoir.

3 Découpez le filet en lamelles perpendiculairement à l'axe du filet, puis taillez celles-ci en petits cubes.

4 Servez-vous d'un cercle ou d'un emporte-pièce pour mouler le tartare.

COURT-BOUILLON **POUR SAUMON**

Pour 2 litres
Préparation : 5 minutes
Cuisson : 10 minutes

50 cl de lait entier
50 cl d'eau
1 carotte épluchée
1 oignon en tranches
1 gousse d'ail
1 bouquet garni (thym, laurier, queues de persil)
1 cuillerée à café de poivre concassé

Ce court-bouillon au lait donne à la chair du saumon une jolie teinte rose clair et préserve sa délicatesse.

Coupez la carotte en fines rondelles, l'oignon en tranches. Écrasez la gousse d'ail.

Réunissez tous les ingrédients dans une grande casserole. Portez à ébullition, laissez cuire 10 minutes à frémissement. Laissez complètement refroidir, puis filtrez.

FUMET DE POISSON

Pour 3 litres environ
Préparation :
Cuisson : 25 minutes

2,5 l d'eau
75 cl de vin blanc très sec (muscadet, sauvignon…)
1,5 kg d'arêtes et de parures de poisson, rincées et égouttées
2 oignons émincés
2 carottes émincées
1 petite branche de céleri
1 bouquet garni (thym, laurier, persil plat)
45 g de gros sel
1 cuillerée à café de poivre noir en grains ou de poivre concassé

Réunissez tous les ingrédients et portez à ébullition. Faites bouillir environ 20 minutes.

Laissez refroidir le fumet et filtrez-le à travers une passoire fine, sans presser les ingrédients, afin de préserver la clarté du liquide.

Vous pouvez l'utiliser immédiatement, ou le conserver 3 jours au réfrigérateur, ou 1 mois au congélateur.

Conseil

Les arêtes de poissons plats, notamment de sole, donnent les meilleurs fumets. Voyez aussi le fumet de poisson au jus de coques (page 21), une variante très parfumée.

JUS DE **COQUILLAGES**

Pour environ 50 cl
Préparation : 20 minutes
Cuisson : environ 10 minutes

2 kg de bivalves (coques, palourdes, praires, moules, tellines…)
2 échalotes ciselées
30 cl de vin blanc sec
1 bouquet garni (thym, laurier, fenouil, queues de persil)
1 cuillerée à café de poivre noir concassé

Lavez et égouttez les coquillages.

Dans un grand faitout, réunissez les échalotes, le vin blanc, le bouquet garni et le poivre. Ajoutez les coquillages et mélangez.

Couvrez, faites chauffer sur feu vif en remuant de temps en temps le récipient sans le découvrir. Au bout d'environ 10 minutes les coquillages doivent être ouverts. Égouttez-les soigneusement au-dessus du faitout, puis filtrez le jus contenu dans ce dernier à travers une passoire fine, sans verser les dernières gouttes qui contiennent généralement du sable. Laissez décanter le jus environ 10 minutes, puis filtrez-le de nouveau.

Vous pouvez utiliser ce jus de coquillages dans l'immédiat, le garder 1 semaine au réfrigérateur ou le congeler.

Conseil

Les coques seules donnent un excellent jus. Mais vous pouvez aussi mélanger les coquillages. Vous utiliserez les chairs des coquillages dans d'autres recettes.

BEURRE BLANC

Pour environ 30 cl
Préparation : 10 minutes
Cuisson : 20 minutes

5 échalotes
20 cl de vin blanc sec ou de vinaigre de vin blanc
250 g de beurre froid en petits dés
sel, poivre blanc du moulin

Hachez très finement les échalotes. Couvrez-les du vin blanc ou du vinaigre dans une casserole, portez à ébullition et faites réduire presque à sec sur feu moyen. Vous devez obtenir une purée humide.

Posez la casserole sur un bain-marie frémissant. Fouettez vivement la préparation et incorporez-y le beurre petit à petit, sans cesser de fouetter. La sauce doit devenir crémeuse. Salez et poivrez.

Vous pouvez choisir de passer la sauce au chinois pour éliminer les échalotes ou de la laisser telle quelle, ce qui lui donne un peu de texture.

Conseil

Conçu à l'origine pour accompagner les poissons de rivière (notamment le brochet), le beurre blanc convient très bien au saumon poché ou grillé.

SAUCE NANTUA SIMPLIFIÉE

Pour 80 cl
Préparation : 10 minutes

50 cl de bisque de homard
ou de sauce américaine du commerce
20 cl de crème fraîche
30 g de beurre
30 g de beurre d'écrevisse (à acheter en épicerie fine)
sel, poivre du moulin

Faites chauffer la bisque ou la sauce américaine.

Juste avant que la sauce frémisse, ajoutez la crème fraîche.

Fouettez la sauce avec le reste de beurre et le beurre d'écrevisse. Rectifiez l'assaisonnement.

Conseil

Vous avez l'autorisation d'utiliser de la bisque en conserve, mais ce n'est pas une excuse pour ne pas la choisir de toute première qualité.

Pour faire une sauce américaine, il faut supprimer la crème fraîche de la sauce Nantua.

SAUCE CRÉMÉ D'ÉCHALOTE

Pour 4 personnes
Préparation : 15 minutes
Cuisson : 10 minutes

50 g d'échalotes grises
25 cl de vin blanc sec
1 branche d'estragon frais
25 cl de crème fraîche
125 g de beurre froid en petits dés
1 pointe de couteau de piment de cayenne en poudre (facultatif)
le jus de 1/2 citron
sel, poivre du moulin

Épluchez les échalotes et ciselez-les très finement au couteau.

Dans une casserole, réunissez les échalotes, l'estragon et le vin blanc. Faites réduire de moitié sur feu moyen, ajoutez la crème fraîche et faites réduire 10 minutes sur feu doux. Retirez l'estragon.

Incorporez au fouet le beurre en dés. Salez, poivrez, ajoutez le cayenne, si vous le désirez, et le jus de citron.

Conseil

Cette variante du beurre blanc est facile à réussir. Vous pouvez utiliser des échalotes roses, mais les grises ont plus de caractère. Une variante au curry peut être obtenue en ajoutant 1 cuillerée à café rase de curry de Madras au moment de commencer la réduction.

SAUCE HOLLANDAISE

Pour environ 400 g
Préparation : 25 minutes

2 cuillerées à soupe de vinaigre de vin rouge ou blanc
1 cuillerée à café de poivre mignonnette
3 cuillerées à soupe d'eau glacée
4 jaunes d'œufs très frais
250 g de beurre coupé en petits dés
le jus de 1 citron
sel fin

Utilisez une casserole à bord haut. Versez-y le vinaigre et ajoutez le poivre. Faites réduire doucement jusqu'à obtention d'une purée humide. Ajoutez alors l'eau glacée et les jaunes d'œufs en fouettant vigoureusement.

Dès que le mélange est homogène, posez la casserole sur un bain-marie frémissant, sans cesser de fouetter. Lorsque la sauce commence à épaissir, incorporez peu à peu le beurre, puis salez et ajoutez enfin le jus de citron. Rectifiez l'assaisonnement.

Conseil

Pour obtenir une sauce mousseline, ajoutez au dernier moment 10 cl de crème fraîche.

MAYONNAISE

Pour 4 personnes (environ 300 g)
Préparation : 15 minutes

1 jaune d'œuf
1 cuillerée à café de moutarde forte de Dijon
de 20 à 25 cl d'huile d'arachide ou de pépins de raisin
1 filet de vinaigre ou de jus de citron
sel, poivre du moulin

Dans un saladier, mélangez le jaune d'œuf et la moutarde.

En fouettant doucement, incorporez l'huile d'olive en mince filet. Lorsque la mayonnaise prend corps, vous pouvez ajouter l'huile en filet plus gros, mais ne cessez jamais de fouetter.

Ajoutez enfin sel, poivre et vinaigre ou jus de citron.

Conseil

Si votre mayonnaise tourne, ajoutez un second jaune d'œuf et montez-la de nouveau. Ou alors ajoutez une cuillerée à soupe de vinaigre bouillant (par temps froid) ou glacé (par temps chaud).

MAYONNAISE POMME-CURRY

Pour 4 personnes
Préparation : 10 minutes

1 recette de mayonnaise (voir page 26)
1/2 pomme Granny Smith
1 cuillerée à café de curry de Madras
1 cuillerée à café de moutarde douce Savora®
le jus de 1/2 citron vert

Épluchez et épépinez la pomme. Taillez-la en très petits dés (2 à 3 mm) et ajoutez le jus de citron vert pour préserver leur couleur.

Ajoutez à la mayonnaise la Savora®, le curry et enfin les dés de pomme. Mélangez bien.

Conseil

Cette sauce accompagne le saumon froid poché et le saumon pané frit. Elle est particulièrement délicieuse avec la ventrèche de saumon façon milanaise (page 86).

SAUCE TARTARE

Pour 4 personnes
Préparation : 15 minutes

20 cl de mayonnaise (page 26)
1 jaune d'œuf
1 cuillerée à café de moutarde de Dijon (ou plus si vous voulez)
20 cl d'huile d'olive
1 trait de vinaigre de vin blanc
3 ou 4 cornichons au vinaigre
1 cuillerée à soupe de câpres
1/2 botte de ciboulette
quelques branches d'estragon et de cerfeuil
1 branche de persil plat
sel, poivre du moulin

Battez la mayonnaise avec le jaune d'œuf et la moutarde. Salez et poivrez. Montez cette sauce à l'huile d'olive comme une mayonnaise, puis ajoutez le vinaigre de vin blanc pour la resserrer. Rectifiez l'assaisonnement.

Hachez finement les cornichons et les câpres. Effeuillez et hachez les herbes. Ajoutez le tout à la sauce et mélangez.

Conseil

Cette sauce accompagne tous les poissons frits, notamment panés, et les poissons froids. Essayez-les avec la ventrèche de saumon façon milanaise (voir page 86).

SAUCE GRIBICHE

Pour environ 25 cl
Préparation : 20 minutes

3 œufs durs
25 cl d'huile d'arachide ou de pépins de raisin
2 cuillerées à soupe de vinaigre de vin
2 cuillerées à soupe de fines herbes ciselées (ciboulette, estragon, cerfeuil, persil plat)
1 cuillerée à soupe de câpres hachées
1 cuillerée à soupe de cornichons hachés
sel, poivre du moulin

Prélevez les jaunes des œufs et réservez les blancs. Hachez finement deux blancs d'œufs au couteau.

Écrasez les jaunes d'œufs dans un grand bol à l'aide d'une fourchette. Lorsque la pâte est bien lisse, ajoutez l'huile en filet en tournant comme pour monter une mayonnaise.

Lorsque la sauce a la consistance voulue, ajoutez les blancs d'œufs hachés, les herbes, les câpres, les cornichons et le vinaigre. Salez et poivrez. Mélangez soigneusement.

Conseil

Cette sauce accompagne le saumon froid.

AÏOLI

Pour 4 personnes
Préparation : 25 minutes

6 gousses d'ail jeune, sans germe
1 jaune d'œuf
environ 30 cl d'huile d'olive extra-vierge
le jus de 1 citron
1 cuillerée à café d'eau tiède
sel, poivre du moulin

Pelez les gousses d'ail et pilez-les finement dans un mortier avec 1 pincée de sel fin. Ajoutez le jaune d'œuf et continuez de tourner avec le pilon tout en incorporant l'huile en filet. Lorsque vous en avez incorporé environ 10 cl, ajoutez le jus de citron et l'eau tiède, sans cesser de monter la sauce avec le pilon.

Continuez de monter la sauce en incorporant l'huile jusqu'à la consistance voulue. Salez et poivrez.

Conseil

Vous pouvez monter cette sauce au mixeur en commençant par l'ail. Lorsque celui-ci est réduit en une purée lisse, ajoutez le jaune d'œuf puis incorporez l'huile petit à petit sans arrêter le moteur.

ROUILLE

Pour 4 personnes
Préparation : 20 minutes
Cuisson : 40 minutes

1 petite pomme de terre (100 g)
4 gousses d'ail
1 piment rouge frais
1 cuillerée à café de piment doux en poudre ou de paprika
de 20 à 25 cl d'huile d'olive extra-vierge
gros sel, sel fin, poivre du moulin

Faites cuire la pomme de terre 40 minutes au four à 180 °C sans la peler.

Pelez et dégermez les gousses d'ail, pelez la pomme de terre cuite. Retirez le pédoncule, les graines et les côtes intérieures du piment. Coupez la chair en morceaux. Réunissez le tout dans un mortier avec le piment doux et un peu de gros sel, et pilez le tout en fine pommade (ou utilisez un mixeur).

Incorporez peu à peu, en tournant avec le pilon, l'huile en filet jusqu'à ce que la sauce monte et prenne la consistance voulue. Rectifiez l'assaisonnement.

Conseil

Si vous n'avez pas de piment frais, utilisez du paprika piquant. Si vous désirez faire une rouille safranée, ajoutez 1 g de safran pur en poudre avant de piler les ingrédients.

Rouille
Mayonnaise
pomme-curry
Mayonnaise

Sauce Nantua
Sauce
crémé d'échalote
Sauce hollandaise

VINAIGRETTE DE BASE

Pour 4 personnes
Préparation : 5 minutes

2 cuillerées à soupe de vinaigre de vin
1 cuillerée à café de moutarde forte de Dijon
5 ou 6 cuillerées à soupe d'huile
sel fin, poivre du moulin

Mélangez d'abord le sel et le poivre au vinaigre afin de dissoudre le sel et de libérer les arômes du poivre. Ajoutez la moutarde. Ensuite, incorporez l'huile en battant avec une fourchette ou un fouet.

VARIANTES

Sauce ravigote (vinaigrette aux herbes)

Hachez finement 2 échalotes et 1 cuillerée à soupe de câpres et des herbes fraîches (cerfeuil, estragon, persil plat, ciboulette…). Ajoutez-les à la vinaigrette de base. Vous pouvez mixer cette préparation.

Vinaigrette au balsamique

Dans la recette de base, remplacez le vinaigre de vin par du vinaigre balsamique et utilisez moitié huile d'olive ou de noisette, moitié huile d'arachide.

Vinaigrette au curry

À la recette de base, ajoutez 1 cuillerée à café de curry de Madras, un trait de lait de coco et 1 cuillerée à soupe de pomme fraîche taillée en dés minuscules.

Vinaigrette à l'huile de truffe

Omettez la moutarde, remplacez une partie de l'huile par de l'huile de truffe et ajoutez un peu de truffe noire finement hachée.

Vinaigrette aux huîtres

Utilisez du vinaigre de jerez et ajoutez quelques huîtres décoquillées, finement hachées. Poivrez bien.

Vinaigrette au paprika

Utilisez moitié vin blanc et moitié vinaigre, et ajoutez 1 cuillerée à café de paprika en fouettant.

Conseil

Ces vinaigrettes – ainsi que les deux recettes suivantes – accompagnent le saumon poché chaud ou froid, ainsi que le saumon cru ou mariné.

VINAIGRETTE AUX ALGUES

Pour 4 personnes
Préparation : 15 minutes

50 g de laitue de mer
3 jaunes d'œufs durs, blancs et jaunes séparés
2 cuillerées à soupe de vinaigre de vin rouge
huile d'olive
sel, poivre du moulin

Hachez très finement la laitue de mer.

Écrasez les jaunes d'œufs durs à la fourchette avec la laitue de mer afin d'obtenir une pâte. Salez, poivrez, ajoutez le vinaigre.

Montez cette vinaigrette à l'huile d'olive en fouettant soigneusement pour bien émulsionner la sauce. Rectifiez l'assaisonnement.

Conseil

Pour utiliser les blancs d'œufs durs, passez-les au presse-purée afin d'obtenir des blancs mimosa dont vous ajoutez une partie à la vinaigrette.

VINAIGRETTE TIÈDE AU GINGEMBRE

Pour 4 personnes
Préparation : 15 minutes

20 g de gingembre frais
2 cuillerées à soupe de sauce de soja
2 cuillerées à soupe de vinaigre de jerez ou de vinaigre de riz
1 petite botte de ciboulette
1 cuillerée à soupe d'huile de sésame
5 cuillerées à soupe d'huile d'arachide ou de pépins de raisin
sel, poivre du moulin

Pelez le gingembre et hachez-le très finement. Ciselez la ciboulette. Recueillez-les dans un bol.

Faites chauffer le vinaigre avec la sauce de soja jusqu'à frémissement. Versez-les sur le contenu du bol et mélangez.

Ajoutez l'huile de sésame, puis l'huile d'arachide en fouettant. Salez (légèrement) et poivrez. Servez cette vinaigrette tiède.

Vinaigrette
aux herbes
Vinaigrette au paprika
Vinaigrette tiède au gingembre

Vinaigrette
au balsamique
Sauce gribiche
Vinaigrette aux huîtres

SAUMON CRU
ET MARINÉ

CARPACCIO DE SAUMON

Pour 4 personnes
Préparation : 15 minutes

600 g de filet de saumon en un morceau, sans peau ni arête
3 cuillerées à soupe d'huile d'olive
le jus de 1/2 citron
quelques feuilles de menthe finement ciselées
vinaigre balsamique
sel, poivre du moulin

Passez le doigt sur le filet de saumon et retirez à l'aide d'une pince toute arête restante. Évitez de trop manipuler la chair du saumon cru afin de préserver toute sa fraîcheur.

Tranchez le saumon en fines lamelles perpendiculairement à la peau, et non en biais. Ce mode de découpe vous permet de mieux contrôler l'épaisseur des tranches.

Au pinceau, badigeonnez les assiettes d'un peu d'huile d'olive et de jus de citron. Saupoudrez-les de poivre et de sel. Disposez les tranches de saumon sur les assiettes de façon à en recouvrir la surface.

Salez et poivrez, badigeonnez à nouveau d'huile d'olive et de jus de citron.

Arrosez le carpaccio d'un filet de vinaigre balsamique et rayez la surface avec une fourchette pour le répartir. Parsemez de menthe ciselée.

Conseil

Vous pouvez garder ce carpaccio au réfrigérateur avant de servir, mais pas plus de 30 minutes.

CARPACCIO DE SAUMON, FENOUIL ET CAROTTE

Pour 4 personnes
Préparation : 30 minutes
Cuisson : 25 minutes

600 g de filet de saumon en un morceau, sans peau ni arête
2 carottes
1 pincée de cumin en poudre
2 cuillerées à soupe d'huile d'olive
2 cuillerées à soupe de pastis
2 bulbes de fenouil
100 g de sauce rémoulade (voir page 86)
le jus de 1/2 citron
sel, poivre du moulin

Épluchez les carottes, faites-les cuire à la vapeur environ 30 minutes ou jusqu'à ce qu'elles soient tendres. Mixez-les avec le cumin, l'huile d'olive et quelques gouttes de pastis pour obtenir un coulis très lisse. Salez et poivrez.

Passez le doigt sur le filet de saumon et retirez à l'aide d'une pince toute arête restante. Évitez de trop manipuler la chair du saumon cru afin de préserver toute sa fraîcheur.

Tranchez le saumon en fines lamelles perpendiculairement à la peau, et non en biais. Ce mode de découpe vous permet de mieux contrôler l'épaisseur des tranches.

Épluchez les bulbes de fenouil en retirant les côtes extérieures trop fibreuses. Réservez les pluches vertes des fenouils. Taillez les cœurs en très fine julienne, puis liez-les avec la rémoulade.

Au pinceau, badigeonnez les assiettes d'un mélange de jus de citron, d'huile d'olive et d'une goutte de pastis.

Au centre de chaque assiette, dressez la rémoulade de fenouil à l'aide d'un cercle. Disposez le carpaccio de saumon autour. Décorez le fenouil avec les pluches de fenouil réservées. Entourez d'un cordon de coulis de carotte.

Conseil

Préférez les carottes de sable bio assez grosses, elles donnent une purée plus dense et plus savoureuse.

CARPACCIO DE SAUMON AUX ŒUFS DE HARENG

Pour 4 personnes
Préparation : 15 minutes

600 g de filet de saumon en un morceau, sans peau ni arête
huile d'olive
10 cl de crème fraîche épaisse
1 pot (50 g) d'œufs de hareng (avruga)
1 poignée de mizuna (cresson japonais, facultatif)
sel, poivre du moulin

Passez le doigt sur le filet de saumon et retirez à l'aide d'une pince toute arête restante. Évitez de trop manipuler la chair du saumon cru afin de préserver toute sa fraîcheur.

Tranchez le saumon en fines lamelles perpendiculairement à la peau, et non en biais. Ce mode de découpe vous permet de mieux contrôler l'épaisseur des tranches.

Mélangez la crème et les œufs de hareng.

Au pinceau, badigeonnez les assiettes d'un peu d'huile d'olive et de jus de citron. Saupoudrez-les de poivre et de sel.

Disposez les tranches de saumon au centre des assiettes. Entourez d'un cercle de crème citronnée aux œufs de hareng, et décorez le milieu d'une touffe de mizuna.

Conseil
Le mizuna est une herbe à salade d'origine japonaise, au léger goût de moutarde. À défaut, remplacez-la par des brins de cresson.

TARTARE DE SAUMON

Pour 4 personnes
Préparation : 15 minutes

600 g de filet de saumon, sans peau ni arête
1 cuillerée à soupe d'huile d'olive
1/2 cuillerée à soupe de jus de citron
1/2 échalote grise ou rose finement ciselée
1 cuillerée à soupe de ciboulette ciselée
sel, poivre du moulin

Passez le doigt sur le filet de saumon et retirez à l'aide d'une pince toute arête restante. Évitez de trop manipuler la chair du saumon cru afin de préserver toute sa fraîcheur. Hachez le saumon au couteau, pas trop finement.

Si vous ne servez pas le tartare immédiatement, couvrez le poisson de film étirable sans l'assaisonner et réservez-le au maximum 1 heure au réfrigérateur.

Juste avant de servir, ajoutez l'huile d'olive, le jus de citron, l'échalote ciselée et la ciboulette ciselée. Salez, poivrez et mélangez bien.

Dressez le tartare au centre des assiettes à l'aide d'un cercle.

Conseil

Vous pouvez accompagner ce tartare d'une salade de roquette assaisonnée.

TARTARE DE SAUMON, ŒUFS DE SAUMON ET RADIS NOIR

Pour 4 personnes
Préparation : 20 minutes
Marinade : 20 minutes

Le tartare
500 g de filet de saumon, sans peau ni arête
100 g d'œufs de saumon
1 cuillerée à soupe d'huile d'olive
1/2 cuillerée à soupe de jus de citron
1/2 échalote grise ou rose finement ciselée
1 cuillerée à soupe de ciboulette ciselée
sel, poivre du moulin

Le radis noir mariné
1 radis noir
2 cuillerées à soupe d'huile d'olive
2 cuillerées à soupe de jus de citron
1 branche de thym frais
sel, poivre du moulin

Passez le doigt sur le filet de saumon et retirez à l'aide d'une pince toute arête restante. Évitez de trop manipuler la chair du saumon cru afin de préserver toute sa fraîcheur. Hachez le saumon au couteau, pas trop finement.

Si vous ne servez pas le tartare immédiatement, couvrez le poisson de film étirable sans l'assaisonner et réservez-le au maximum 1 heure au réfrigérateur.

Épluchez le radis noir et taillez-le à la mandoline en tranches très fines et translucides. Faites-les mariner 20 minutes dans un mélange d'huile d'olive et de jus de citron avec quelques feuilles de thym frais, sel et poivre. Ce temps écoulé, épongez-les avec du papier absorbant.

Juste avant de servir, ajoutez au saumon haché les œufs de saumon, l'huile d'olive, le jus de citron, l'échalote ciselée, la ciboulette ciselée, sel et poivre. Mélangez bien.

Dressez le tartare au centre des assiettes à l'aide d'un cercle. Entourez-le d'un parterre de radis noir en « tuilant » légèrement les tranches (en les faisant se chevaucher). Servez.

Conseil
Le radis noir peut être remplacé par du radis vert (green meat) ou du gros radis blanc daikon.

SAUMON CRU, TOPINAMBOUR ET TAPENADE

Pour 4 personnes
Préparation : 25 minutes
Cuisson : 20 minutes

800 g de saumon en filet, sans peau ni arête
40 g de tapenade d'olives noires
2 cuillerées à soupe d'huile d'olive
300 g de topinambours
5 ou 6 belles feuilles de shiso frais (épiceries asiatiques)
fleur de sel, poivre du moulin

Faites cuire les topinambours en robe des champs à l'eau bouillante salée pendant environ 20 minutes. Égouttez-les, épluchez-les et émincez-les en tranches fines.

Passez le doigt sur le filet de saumon et retirez à l'aide d'une pince toute arête restante. Évitez de trop manipuler la chair du saumon cru afin de préserver toute sa fraîcheur. Coupez le saumon en bâtonnets de 1 x 5 cm.

Allongez la tapenade avec l'huile d'olive et poivrez un peu. Badigeonnez-en les bâtonnets au pinceau sur la moitié de leur longueur.

Étalez les topinambours sur le fond de l'assiette, puis disposez joliment les bâtonnets de saumon sur les topinambours. Repassez un peu de tapenade sur le saumon afin d'intensifier la couleur, sans déborder sur la partie découverte.

Ciselez les feuilles de shiso en julienne et garnissez-en les bâtonnets de saumon. Saupoudrez d'un peu de fleur de sel.

Conseil

Les feuilles du shiso, en forme de cœur, sont utilisées fraîches en Asie. Elles sont vertes sur une face et violettes sur l'autre. Si vous n'en trouvez pas, remplacez-les par des bâtonnets de ciboulette.

GRAVLAX (SAUMON MARINÉ À LA SCANDINAVE)

Pour 6 à 8 personnes
Préparation : 30 minutes
Marinade : 24 heures

1 filet de saumon de 1,5 kg, avec la peau, non écaillé
3 ou 4 bouquets d'aneth frais
600 g de gros sel marin
400 g de sucre
1 cuillerée à soupe de poivre noir concassé

La sauce moutarde
Pour environ 50 cl
2 jaunes d'œufs à température ambiante
4 cuillerées à soupe de moutarde suédoise douce ou de Savora®
2 cuillerées à soupe de miel liquide
2 cuillerées à soupe de sucre
40 cl d'huile d'arachide
14 cl de vinaigre blanc
2 cuillerées à soupe d'aneth frais finement haché
sel, poivre du moulin

Passez le doigt sur le filet de saumon et retirez à l'aide d'une pince toute arête restante. Évitez de trop manipuler la chair du saumon cru.

Hachez grossièrement l'aneth et mélangez-le avec le sel, le sucre et le poivre.

Étalez une grande feuille de film étirable. Étalez-y les 2/3 du mélange sel, sucre, poivre et aneth. Posez-y le saumon côté peau vers le bas. Frottez-le côté chair du reste du mélange sel-sucre-poivre. Recouvrez entièrement d'aneth, fermez hermétiquement le film étirable, puis enveloppez le tout d'une grande feuille d'aluminium et laissez mariner environ 24 heures au réfrigérateur, bien à plat et côté peau vers le bas.

Au bout de ce temps, essuyez le saumon. Découpez-le en tranches fines avec un couteau à saumon ou un tranche-lard.

Préparez la sauce moutarde : dans un grand bol, mélangez les jaunes d'œufs, la moutarde et le miel. Fouettez en ajoutant l'huile en mince filet jusqu'à obtention d'une sauce épaisse, comme une mayonnaise. Ajoutez le vinaigre, le sucre et l'aneth, salez et poivrez. Conservez cette sauce au réfrigérateur, dans un bocal bien fermé.

Servez le gravlax accompagné de la sauce moutarde et de pommes de terre en robe des champs. Décorez si vous voulez de pluches d'aneth.

Conseil
Une fois la sauce terminée, goûtez-la afin de rectifier la quantité de sucre, de sel ou de vinaigre.

SAUMON POMMES À L'HUILE (GRAVLAX FAÇON HARENG)

Pour 4 personnes
Préparation : 30 minutes
Cuisson : 20 minutes

600 g de saumon mariné en gravlax (voir page 50)
800 g de pommes de terre roseval ou amandine
10 cl de vin blanc sec
1 oignon blanc doux des Cévennes
quelques fines rondelles de carotte ou de radis
gros sel, poivre du moulin

La vinaigrette
1 échalote
7 cl de vinaigre de vin blanc
huile d'arachide ou de pépins de raisin
1 cuillerée à dessert de moutarde de Dijon
1 petit bouquet de persil plat
sel, poivre du moulin

Faites cuire les pommes de terre en robe des champs à l'eau salée pendant 20 minutes ou jusqu'à ce qu'elles soient tendres. Épluchez-les à chaud, coupez-les en tranches puis arrosez-les de vin blanc sec et poivrez-les. Réservez.

Retirez la peau du saumon. Lavez-le et essuyez-le. Taillez la chair en bâtonnets de l'épaisseur d'un doigt.

Épluchez l'échalote et hachez-la finement. Dans une petite casserole, faites chauffer le vinaigre avec l'échalote et un peu de poivre. Lorsqu'il arrive à frémissement, retirez du feu. Ajoutez l'huile en fouettant jusqu'à obtention d'une vinaigrette. Salez et poivrez.

Versez une partie de la vinaigrette chaude sur les bâtonnets de saumon.

Dans un bol, mélangez la moutarde et le reste de vinaigrette. Ajoutez le persil effeuillé et finement haché. Rectifiez l'assaisonnement et rajoutez huile ou vinaigre si nécessaire. Assaisonnez les pommes de terre de cette vinaigrette tiède.

Épluchez l'oignon doux et coupez-le en tranches fines, puis séparez les tranches en anneaux.

Sur chaque assiette, disposez les bâtonnets de saumon et la salade de pommes de terre, garnissez d'anneaux d'oignon doux et de rondelles de carotte.

Conseil

Une variante de cette recette peut être réalisée avec du saumon fumé.

MÉDAILLONS DE SAUMON CRU ET DE VEAU

Pour 4 personnes
Préparation : 25 minutes

500 g de filet de saumon cru, sans peau ni arête
500 g de filet de veau fermier cru
1 botte d'asperges vertes

La vinaigrette à la sauce de soja
1 cuillerée à soupe de moutarde douce (Savora®)
1 cuillerée à café de sauce de soja
le jus de 1 citron
4 cuillerées à soupe d'huile d'olive
sel, poivre du moulin, 1 pincée de cayenne

Épluchez les asperges vertes en retirant les parties dures à la base des tiges. Ne gardez que les pointes et les parties tendres. Rincez-les, épongez-les. Taillez les tiges et une partie des pointes en très petits dés ; gardez quelques pointes pour la garniture finale.

Taillez le saumon et le veau en tranches de 3-4 mm d'épaisseur. À l'aide d'un emporte-pièce rond de 4 cm de diamètre, coupez les tranches en médaillons.

Préparez la vinaigrette en mélangeant la moutarde, la sauce de soja, le jus de citron, cayenne, sel et poivre. Incorporez l'huile en fouettant bien afin d'émulsionner la sauce.

Assaisonnez le salpicon d'asperges vertes avec un peu de vinaigrette.

Passez un peu de vinaigrette au pinceau sur le fond de 4 grandes assiettes. Déposez le salpicon d'asperges au milieu des assiettes.

Disposez les médaillons de veau et de saumon autour des asperges en les alternant. Badigeonnez-les de vinaigrette au pinceau. Décorez les assiettes des pointes d'asperge crues.

Conseil
Un carpaccio terre-mer original, que vous pouvez aussi interpréter avec du thon et du bœuf.

SAUMON FUMÉ

SAUMON FUMÉ MAISON

Préparation : 2 heures
Fumaison : entre 3 et 10 heures selon la méthode employée

Évitez de fumer du saumon décongelé : la congélation fait éclater les cellules et la chair du saumon perd de son humidité. Utilisez exclusivement du saumon très frais.

Achetez le saumon entier et levez les filets vous-même, ou faites-les lever devant vous par le poissonnier. Les filets doivent garder leur peau.

Retirez toutes les arêtes des filets à l'aide d'une pince à arêtes.

Salez légèrement le saumon au gros sel (500 g de sel par filet), 1 heure côté chair, 1 heure côté peau. Essuyez le saumon et fumez-le.

Dans un fumoir vertical, les filets sont suspendus au-dessus de la fumée. On emploie pour la fumaison une grande quantité de sciure de hêtre ou de pommier. Évitez la sciure de résineux, qui communique un goût trop fort au saumon. Vous pouvez parfumer la sciure en y ajoutant des herbes sèches : thym, laurier, etc.

La fumaison prend entre 6 et 10 heures. Une fois la sciure allumée, on la recouvre d'un journal humide pour étouffer la fumée.

À la maison ou au restaurant, on recourt le plus souvent à un fumoir horizontal. Pour l'utiliser, salez le saumon comme indiqué précédemment, mais entaillez légèrement la peau afin que la fumée pénètre plus facilement. Déposez le saumon sur la grille, peau vers le bas. Allumez la sciure et laissez fumer de 3 à 4 heures, couvercle fermé.

Un truc

Utilisez une boîte en polystyrène servant à transporter les poissons. Posez au fond de la boîte une plaque contenant la sciure, placez le saumon (préparé comme pour le fumoir horizontal) sur une grille ajustée sur la partie inférieure de la boîte. Allumez la sciure et fermez hermétiquement la boîte avec du ruban adhésif. Laissez fumer entre 3 et 4 heures.

ROULEAUX DE SAUMON FUMÉ, PEAU DE SAUMON GRILLÉE

Pour 4 personnes
Préparation : 20 minutes
Cuisson : 10 minutes

4 tranches de saumon fumé
1 barquette de fromage triple-crème (brillat-savarin frais, Saint-Môret®, Philadelphia…)
1 botte de coriandre
1 botte de ciboulette
70 g de cerneaux de noix
la peau (écaillée) d'un filet de saumon
poivre blanc du moulin

Ébouillantez les cerneaux de noix et retirez la peau. Hachez finement les cerneaux de noix.

Hachez finement les herbes. Mélangez-les avec le fromage frais et les noix, poivrez. Ne salez pas. Étalez ce mélange en couche fine et régulière sur les tranches de saumon, puis enroulez celles-ci et taillez-les de façon à obtenir des cylindres réguliers.

Étalez la peau de saumon dans une poêle antiadhérente et faites-la sécher des deux côtés sur feu doux. Quand elle est croustillante, cassez-la en chips ou taillez-la en julienne.

Garnissez-en les rouleaux de saumon fumé découpés, et servez avec une touffe de salade frisée.

Conseil

Vous pouvez remplacer les cerneaux de noix par des olives noires dénoyautées et hachées ou des câpres.

CHOUCROUTE AU SAUMON FUMÉ

Pour 4 personnes
Préparation : 30 minutes
Cuisson : 15 minutes

1 oignon haché
huile d'arachide
700 g de choucroute cuite
10 cl de vin blanc sec (riesling)
20 cl de jus de coquillages (moules, coques, palourdes…) ou de fumet de poisson (voir page 20)
4 tronçons de filet de maquereau fumé
4 tranches d'anguille fumée
4 tranches de thon fumé
4 saucisses de poisson fumé
4 belles tranches de saumon fumé, pas trop fines
1 bouquet garni (thym, laurier, queues de persil)
quelques baies de genièvre

Dans le fond d'une cocotte, faites suer l'oignon haché dans très peu d'huile d'arachide ou de pépins de raisin. Quand il est translucide, ajoutez le vin blanc et le jus de coquillages ou le fumet. Laissez très légèrement réduire, puis ajoutez la choucroute, les baies de genièvre et le bouquet garni. Couvrez et faites cuire 15 minutes.

Retirez du feu, soulevez le couvercle et déposez sur la choucroute le maquereau fumé, l'anguille fumée, les saucisses de poisson fumé (si vous en trouvez), le thon fumé, et enfin les tranches de saumon fumé. Refermez la cocotte et laissez reposer 15 minutes.

Conseil

Servez avec des pommes de terre à l'anglaise et un moulin à poivre.

SALADE AU SAUMON FUMÉ

Pour 4 personnes
Préparation : 20 minutes

1 petite boule de céleri-rave
50 g d'olives noires dénoyautées, coupées en deux
250 g de saumon fumé en tranches pas trop fines

La vinaigrette
1 cuillerée à dessert de moutarde de Dijon
2 cuillerées à soupe de vinaigre de jerez
4 cuillerées à soupe d'huile d'arachide ou de pépins de raisin
1 cuillerée à café de sauce de soja
1 échalote finement ciselée
1/2 botte de ciboulette ciselée
quelques branches de persil plat finement hachées (réservez quelques herbes entières pour le décor)
sel, poivre du moulin

Confectionnez la vinaigrette : mélangez au fouet la moutarde, le vinaigre et la sauce de soja. Incorporez l'huile en fouettant bien jusqu'à obtention d'une vinaigrette légère et émulsionnée. Ajoutez l'échalote et les herbes.

Épluchez le céleri-rave, lavez-le et râpez-le comme pour un céleri rémoulade. Assaisonnez-le avec la vinaigrette et ajoutez les olives noires.

Dressez le céleri assaisonné au centre des assiettes, et disposez le saumon fumé autour du céleri. Garnissez avec les herbes réservées.

Conseil

Le saumon mariné ou simplement le saumon cru peuvent aussi être utilisés dans cette salade.

RILLETTES DE SAUMON FUMÉ

Pour 4 personnes
Préparation : 15 minutes
Cuisson : 5 minutes

300 g de saumon fumé sans peau ni arête
120 g de saumon frais, sans peau ni arête
50 g de beurre mou
1 cuillerée à soupe de crème fraîche épaisse
1 cornichon finement haché ou 1 cuillerée à soupe rase de petites câpres
sel, poivre du moulin

Pochez le saumon frais à l'eau salée en portant doucement celle-ci à frémissement. Retirez du feu, égouttez le saumon et laissez-le refroidir.

Coupez le saumon fumé en petits morceaux. Recueillez-les dans un cul-de-poule avec le saumon poché et émietté, le beurre et la crème. Tournez doucement à la spatule afin de mélanger l'ensemble. Quand les rillettes ont un aspect homogène et onctueux, salez et poivrez, ajoutez le cornichon et les câpres. Gardez au frais, couvert de film étirable ou de papier sulfurisé.

Servez avec du pain grillé.

Conseil

Tournez le mélange avec précaution, sans l'écraser complètement ; vous ne devez pas obtenir une purée mais une vraie rillette, avec un peu de texture.

VERRINE DE SAUMON FUMÉ AU POTIMARRON

Pour 4 personnes
(4 verres à whisky)
Préparation : 30 minutes
Cuisson : 35 minutes

500 g de potimarron épluché, coupé en morceaux
2 cuillerées à soupe de crème fraîche
1 pincée de cumin en poudre
100 g de feuilles de cresson
1 œuf
70 g d'œufs de saumon
200 g de saumon fumé
quelques pluches d'aneth
sel, poivre du moulin

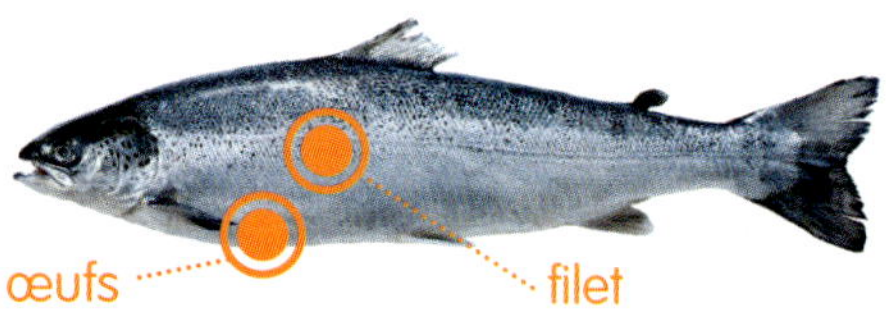

Faites cuire le potimarron à la vapeur environ 25 minutes, ou jusqu'à ce qu'il soit tendre. Réduisez-le en purée, ajoutez la crème fraîche et 1 pincée de cumin en poudre. Réservez.

Ébouillantez les feuilles de cresson quelques secondes à l'eau bouillante salée, plongez-les immédiatement dans de l'eau glacée. Égouttez-les, essorez-les bien dans un linge et hachez-les.

Faites cuire l'œuf dur (10 minutes à l'eau bouillante). Écalez-le, hachez-le au couteau. Mélangez-le avec les œufs de saumon.

Hachez finement le saumon au couteau.

Dans les verrines, déposez d'abord une couche de purée de potimarron. Recouvrez d'une couche de cresson, puis d'une couche de saumon fumé. Terminez avec les œufs de saumon mélangés à l'œuf mimosa. Gardez au réfrigérateur avant de servir.

Conseil

Servez frais, mais pas trop froid. Décorez de pluches d'aneth avant de servir.

RISOTTO AU SAUMON FUMÉ

Pour 4 personnes
Préparation : 30 minutes
Cuisson : environ 40 minutes

Le fumet
1 kg de coques
15 cl de vin blanc sec
1 feuille de laurier
1 échalote finement émincée
quelques branches de thym
80 cl de fumet de poisson peu salé (voir page 20)
poivre du moulin

Le risotto
300 g de riz arborio (ou tout autre riz rond pour risotto)
30 g de beurre + 30 g pour la finition
15 cl de vin blanc sec
2 cuillerées à soupe de crème fraîche
300 g de saumon fumé
24 palourdes
poivre du moulin

Commencez par préparer les coques. Lavez-les soigneusement et déposez-les dans une casserole. Ajoutez le laurier, le thym, l'échalote et le vin blanc. Poivrez. Couvrez et faites ouvrir les coquillages sur feu vif en secouant la casserole de temps en temps. Au bout de 5 minutes, vérifiez l'ouverture des coquillages, retirez-les et filtrez le jus de cuisson. Décoquillez-les et gardez-les dans un bol avec un peu de leur jus filtré.

Ajoutez le reste de jus de coques au fumet de poisson. Portez celui-ci à frémissement.

Dans une grande casserole, faites fondre le beurre. Faites-y nacrer le riz en le remuant avec une spatule pendant 2 à 3 minutes. Ajoutez le vin blanc et laissez-le évaporer en remuant bien. Ajoutez quelques louches de fumet et laissez évaporer en remuant de temps en temps. Recommencez l'opération 3 ou 4 fois, toujours en laissant évaporer le liquide, jusqu'à ce que le risotto soit cuit *al dente* et onctueux.

Vers la fin de la cuisson du risotto, faites ouvrir les palourdes (comme les coques) dans un peu de fumet réservé.

Retirez le risotto du feu, ajoutez les coques égouttées, la crème et le reste de beurre.

Émincez le saumon fumé en julienne et ajoutez-le au risotto. Il ne doit pas cuire. Répartissez le risotto dans les assiettes et entourez-le des palourdes dans leurs coquilles. Poivrez et servez chaud.

Conseil

Goûtez régulièrement pour vérifier la teneur en sel. Le fumet de poisson doit être peu salé, car il faut tenir compte de son évaporation et de la salinité des coquillages. Il ne sera probablement pas nécessaire de saler pendant la cuisson.

MOUSSE DE SAUMON FUMÉ AU CAVIAR

Pour 4 personnes
Préparation : 20 minutes

200 g de saumon fumé, sans peau ni arête
50 g de crème fraîche épaisse
le jus de 1/2 citron vert
8 coquilles d'œuf coupées net aux deux tiers de leur hauteur, vidées et bien nettoyées.
50 g de caviar d'Aquitaine
sel, poivre du moulin

Coupez le saumon fumé en morceaux. Mixez-le avec la crème, le jus de citron vert, très peu de sel et quelques tours de moulin à poivre. Goûtez et rectifiez l'assaisonnement. Introduisez ce mélange dans une poche à douille.

Remplissez les coquilles d'œuf de mousse de saumon. Garnissez de caviar. Décorez, si vous voulez, d'un petit copeau de zeste de citron vert. Gardez au frais.

Conseil
Servez dans des coquetiers avec des petites cuillères et des mouillettes de pain grillé. Un champagne s'impose.

SAUMON **FUMÉ** AU COURT-BOUILLON

Pour 4 personnes
Préparation : 20 minutes
Cuisson : 35 minutes

4 pavés de saumon fumé de 200 g chacun, sans peau ni arête
700 g de pommes de terre entières, lavées et brossées, non pelées
1 litre de court-bouillon pour saumon (voir page 20)
50 de beurre demi-sel
sel, poivre du moulin

Versez le court-bouillon froid dans une casserole et salez-le légèrement Plongez-y les pavés de saumon, faites chauffer et laissez frémir 5 minutes. Retirez du feu et laissez reposer 5 minutes environ.

Sortez les pavés de saumon du court-bouillon et réservez-les au chaud.

Dans le court-bouillon, faites cuire les pommes de terre en robe des champs pendant 25 minutes, jusqu'à ce qu'elles soient bien tendres. Épluchez-les à chaud puis écrasez-les avec une fourchette en incorporant le beurre. Rectifiez l'assaisonnement.

Servez les pavés de saumon avec l'écrasée de pommes de terre bien chaude.

Conseil

Il est nécessaire d'ajouter un peu de sel au court-bouillon froid, car la recette d'origine n'est pas salée.

SAUMON **CUIT**

HAMBURGER DE SAUMON

Pour 4 personnes
Préparation : 20 minutes
Cuisson : 10 minutes

800 g de saumon frais en filet, sans peau ni arête
1 petite échalote finement ciselée
1/2 cuillerée à café de zeste de citron vert finement râpé
20 g de beurre
1 cuillerée à café d'huile d'arachide
4 œufs
1 trait de sauce Worcestershire
un peu de salade verte assaisonnée de vinaigrette
sel, poivre du moulin

Passez le doigt sur les filets de saumon et retirez à l'aide d'une pince toute arête restante. Hachez le saumon au couteau, pas trop finement.

Hachez le saumon au couteau. Ajoutez l'échalote finement ciselée et le zeste de citron finement râpé. Salez et poivrez, mélangez et divisez la masse en 4 hamburgers. Aplatissez-les légèrement.

Faites fondre le beurre dans une poêle avec l'huile. Faites bien dorer rapidement les hamburgers sur les deux faces mais ne les laissez pas cuire à cœur. Égouttez-les sur du papier absorbant.

Faites rapidement frire les œufs au plat, séparément. Salez, poivrez.

Dressez 1 hamburger sur chaque assiette, coiffez-le d'un œuf, ajoutez 1 trait de sauce Worcestershire et entourez d'un peu de salade assaisonnée.

Conseil

Vous pouvez servir avec du condiment Savora® et une poêlée de pommes de terre sautées à cru, ou avec une pomme de terre cuite au four en papillote d'aluminium et garnie de crème fraîche et de ciboulette ciselée.

SAUMON CONFIT À LA GRAISSE DE CANARD

Pour 4 personnes
Préparation : 15 minutes
Cuisson : 15 minutes

1 kg de saumon en filet, sans peau ni arête
1 kg de graisse de canard
1 gousse d'ail entière
2 ou 3 piments oiseaux
1 feuille de laurier.
sel, poivre du moulin

Retirez du saumon toute arête restante à l'aide d'une pince. Coupez-le en cubes de 3 cm. Salez-les et poivrez-les.

Faites fondre la graisse de canard avec l'ail, les piments et le laurier, jusqu'à ce qu'elle frémisse. Laissez frissonner 10 minutes pour faire infuser les aromates, plongez-y les cubes de saumon et laissez frémir sans bouillir pendant 5 minutes, pas plus.

Égouttez les cubes de saumon et servez-les avec une belle salade fraîche ou une purée de céleri-rave.

MERLAN **EN VOILE** DE SAUMON, JUS **DE PERSIL**

Pour 4 personnes
Préparation : 20 minutes
Cuisson : 4 minutes

4 filets de merlan de 150 g chacun
4 grandes tranches fines de saumon cru
1 botte de persil plat, effeuillée
1 botte de cerfeuil, effeuillée
1 botte de ciboulette
1 feuille d'épinard, équeutée
10 cl de jus de coquillages *(voir page 21)*
20 g de beurre
sel, poivre blanc du moulin

Le saumon doit, pour cette recette, être coupé en 4 grandes tranches très fines, comme du saumon fumé.

Lavez toutes les herbes et épongez-les dans du papier absorbant. Passez-les à la centrifugeuse et recueillez leur jus. Passez-le au chinois et liez-le avec le jus de coquillages.

Salez et poivrez les filets de merlan. Poêlez-les rapidement au beurre, environ 2 minutes sur chaque face. Déposez-les sur les assiettes et recouvrez immédiatement chaque filet d'une tranche de saumon. La chaleur du merlan fera légèrement cuire le saumon.

Entourez chaque filet d'un cordon de jus de persil et servez sans attendre.

Conseil

Vous pouvez remplacer la feuille d'épinard par quelques feuilles de roquette.

SAUMON À L'UNILATÉRAL

Pour 4 personnes
Préparation : 5 minutes
Cuisson : environ 12-15 minutes

4 pavés de filet de saumon de 200 g chacun, écaillés, avec la peau
1 cuillerée à café d'huile d'arachide
sel, poivre du moulin

Passez le doigt sur les pavés de saumon et retirez à l'aide d'une pince toute arête restante. Salez-les et poivrez-les.

Déposez les pavés de saumon, côté peau vers le bas, dans une poêle antiadhérente chaude badigeonnée d'un peu d'huile d'arachide. Maintenez la cuisson sur feu très doux. Surveillez-la : vous pouvez voir la chair s'opacifier de bas en haut, progressivement. Évitez toute surcuisson.

Lorsque presque toute la chair est rose pâle et que seule la surface est encore translucide, le poisson est prêt : tendre et moelleux, avec la peau croustillante. Servez chaud.

Conseil

Voilà une recette qui « laisse parler le produit » : choisissez un saumon de qualité supérieure. Servez avec des légumes verts, par exemple des épinards frais poêlés.

Vous pouvez aussi réaliser une variante intéressante en remplaçant les pavés de saumon frais par des pavés de gravlax que vous cuirez sur la peau de façon identique.

VENTRÈCHE DE SAUMON FAÇON MILANAISE (TABLIER DE LA MER)

Pour 4 personnes
Préparation : 20 minutes
Cuisson : 8 à 10 minutes

800 g de ventrèche de saumon, écaillée, avec la peau
1 œuf
150 g de farine
200 g de chapelure
100 g de beurre clarifié
sel, poivre du moulin

La sauce rémoulade
150 g de mayonnaise (voir page 26)
1 cuillerée à soupe de moutarde de Dijon
le jus de 1 citron
sel, poivre blanc du moulin

Commandez à votre poissonnier la partie ventrale (« ventrèche ») d'un saumon de 1,5 kg. Demandez-lui de l'écailler. Retirez à la pince toute arête restante et essuyez soigneusement la ventrèche de saumon avec du papier absorbant. Salez-la et poivrez-la.

Dans un plat creux, battez l'œuf avec quelques gouttes d'eau, sel et poivre.

Dans un autre plat, versez la farine, et dans un autre encore, la chapelure. Passez la ventrèche de saumon dans la farine, puis dans l'œuf battu, et enfin dans la chapelure.

Faites chauffer le beurre clarifié dans une grande poêle, faites-y dorer la ventrèche de saumon de 4 à 5 minutes environ de chaque côté sur feu assez vif. Elle doit être bien dorée.

Pendant ce temps, préparez la rémoulade : délayez la moutarde avec le jus de citron, puis ajoutez petit à petit la mayonnaise en tournant. Poivrez et rectifiez la quantité de sel.

Égouttez la ventrèche sur du papier absorbant, salez et poivrez. Servez chaud avec la rémoulade.

Conseil

Cette recette est un clin d'œil à l'escalope milanaise mais aussi au tablier de sapeur de la cuisine lyonnaise. La mayonnaise pomme-curry (page 27) accompagne aussi très bien avec ce plat. Vous pouvez servir avec des haricots verts.

SAUMON POCHÉ ENTIER

Pour 6 à 8 personnes
Préparation : 10 minutes
Cuisson : 20 minutes

1 saumon de 2 kg environ, vidé, ébarbé, non écaillé
3 litres de court-bouillon pour saumon (voir page 20)
1 recette de mayonnaise (voir page 26), nature ou aromatisée à votre goût

Versez le court-bouillon froid dans une poissonnière. Déposez le saumon sur la grille et plongez-le dans le court-bouillon. Portez doucement à frémissement et faites cuire 20 minutes sur feu doux, sans bouillir. Testez la cuisson avec une brochette en bois : piquez-la au cœur du saumon, puis posez-la sur votre lèvre inférieure. Si la brochette est chaude, le saumon est cuit.

Si vous servez le saumon froid, laissez-le refroidir dans le court-bouillon. Si vous le servez chaud, soulevez la grille, égouttez le saumon et déposez-le sur un plat.

Retirez la peau du saumon et servez-le avec une mayonnaise bien épaisse et l'accompagnement de votre choix.

Si vous le servez froid, vous pouvez le décorer de motifs divers (traits croisés, fleurons…) avec une poche à décor remplie de mayonnaise et des légumes ciselés. Vous obtenez alors un saumon en Bellevue.

Conseil

Comptez 5 minutes par livre pour la cuisson du saumon entier, 3 ou 4 minutes par livre s'il est en darnes, selon l'épaisseur de celles-ci. Le court-bouillon ne doit surtout pas bouillir.

GRAVLAX À L'ÉMINCÉ DE CHOU VERT

Pour 4 personnes
Préparation : 20 minutes
Cuisson : 30-40 minutes
Repos : 15 minutes

800 g de gravlax préparé (voir page 50)
1 petit chou vert bien frais
4 gousses d'ail
500 g de pommes de terre nouvelles
50 g de beurre + un peu pour servir
1 cuillerée à soupe d'huile d'arachide ou de pépins de raisin
sel, poivre du moulin
herbes fraîches (persil, cerfeuil, ciboulette…)

Épluchez et lavez les pommes de terre. Faites-les cuire de 15 à 25 minutes à la vapeur (selon leur grosseur). Gardez-les au chaud.

Pendant la cuisson des pommes de terre, retirez les côtes extérieures du chou et coupez-le en quartiers. Lavez-le, égouttez-le puis coupez-le en lanières. Plongez ces lanières 30 secondes dans de l'eau bouillante salée, puis retirez-les et plongez-les dans de l'eau contenant des glaçons. Égouttez dans une passoire.

Faites fondre le beurre dans une cocotte avec un peu d'huile. Ajoutez les gousses d'ail en chemise et faites revenir 2 ou 3 minutes. Ajoutez le chou et faites-le revenir 2 minutes en remuant bien. Couvrez et faites cuire 15 minutes à l'étouffée. Rectifiez l'assaisonnement.

Pendant la cuisson du chou, retirez la peau du gravlax et taillez la chair en gros lardons de 2 à 3 cm de côté. Quand le chou est cuit, retirez la cocotte du feu, soulevez le couvercle et répartissez les lardons de gravlax sur le chou. Ajoutez quelques noisettes de beurre. Couvrez la cocotte et laissez reposer 15 minutes hors du feu. Garnissez de quelques herbes fraîches ciselées avant de servir.

Conseil

Le gravlax peut être remplacé par du saumon fumé.

POMMES DE TERRE AU DIABLE ET GRAVLAX

Pour 4 personnes
Préparation : 15 minutes
Cuisson : 1 heure
Repos : 20 minutes

800 g de gravlax préparé (voir page 50)
1,2 kg de petites pommes de terre nouvelles de l'île de Ré (ou toute autre pomme de terre grenaille de bonne qualité)
1 tête d'ail
1 citron jaune non traité
1 bouquet garni composé de thym, de laurier, de queues de persil et de quelques brins d'aneth
1 plaquette de beurre cru demi-sel (pour servir)
200 g de sauce moutarde pour gravlax (voir page 50)
gros sel gris marin, poivre du moulin

Lavez les pommes de terre en les brossant ; rincez-les bien, égouttez-les. Ne les pelez pas. Ne préchauffez pas le four.

Séparez les gousses de la tête d'ail, ne les pelez pas.

Prélevez 1 belle lanière de zeste de citron à l'aide d'un économe, puis taillez-la en très fins bâtonnets.

Rangez les pommes de terre et les gousses d'ail dans le diable en les disposant en dôme. Ajoutez le bouquet garni, le zeste de citron et un peu de gros sel gris. Poivrez bien.

Fermez hermétiquement le diable et mettez-le au four. Allumez le four à 240 °C (th. 8). Laissez cuire 1 heure, sans ouvrir le diable une seule fois.

Pendant ce temps, retirez la peau du gravlax et coupez la chair en gros dés. Une fois les pommes de terre cuites, retirez le diable du four. Ouvrez-le, mélangez délicatement le gravlax aux pommes de terre. Refermez le diable et laissez reposer 20 minutes. Servez avec du beurre demi-sel et la sauce moutarde.

Conseil

Vous pouvez servir ce plat accompagné d'une sauce moutarde pour gravlax (page 50). Selon le type de diable utilisé, il faudra peut-être le faire tremper 15 minutes dans de l'eau froide avant utilisation. Suivez les instructions du fabricant. Les diables traditionnels (charentais ou bourguignons) n'ont pas besoin de trempage.

SAUMON AU FOUR À LA TAPENADE

Pour 4 personnes
Préparation : 15 minutes
Cuisson : 10 minutes par livre (30 minutes)

1 saumon entier de 1,5 kg
huile d'olive extra-vierge
50 g de tapenade d'olives noires
1 recette de rouille safranée (voir page 29)
1 cuillerée à café de purée d'anchois
sel, poivre du moulin

Préchauffez le four à 250 °C (th. 8-9).

Demandez à votre poissonnier d'écailler et d'ébarber le saumon, puis de le vider délicatement par les ouïes et par une petite ouverture en bas. L'idée est d'ouvrir le moins possible le ventre du saumon.

De retour chez vous, lavez le saumon et essuyez-le avec du papier absorbant. Huilez au pinceau, à l'huile d'olive, un grand plat à four ou une plaque de four. Déposez-y le saumon.

Détendez la tapenade avec un peu d'huile d'olive et de jus de citron. Introduisez-la à l'intérieur du saumon à l'aide d'une petite cuillère.

Battez 2 cuillerées à soupe d'huile d'olive avec du sel et du poivre. À l'aide du pinceau, enduisez toute la surface du saumon de cette préparation.

Mettez le plat au four et faites cuire 10 minutes par livre (soit, pour un saumon de 1,5 kg, 30 minutes).

Servez accompagné d'une rouille safranée additionnée d'un peu de purée d'anchois, et d'une purée de pomme de terre montée au beurre en ajoutant de la ciboulette ciselée au dernier moment.

Conseil

Adaptez le temps de cuisson au poids de votre saumon.

SAUMON À LA VAPEUR D'ANETH

Pour 4 personnes
Préparation : 10 minutes
Cuisson : 6-7 minutes

4 darnes de saumon avec leur peau, écaillés
1 gros bouquet d'aneth
1 recette de sauce moutarde pour gravlax (voir page 50)
1 kg de petits choux de Bruxelles
beurre
sel, poivre du moulin

Réservez quelques pluches d'aneth pour le service. Étalez la botte d'aneth sur le fond d'un cuit-vapeur. Salez et poivrez les darnes de saumon et posez-les sur l'aneth.

Portez l'eau à ébullition dans le cuit-vapeur et laissez cuire 6 ou 7 minutes. Le saumon doit s'effeuiller et être souple au doigt, mais tiède à l'intérieur. Ne le faites pas trop cuire.

Servez avec la sauce moutarde pour gravlax et de petits choux de Bruxelles blanchis deux fois, cuits à l'eau jusqu'à ce qu'ils soient tendres, puis passés doucement à la poêle dans un peu de beurre.

SAUMON ET LÉGUMES EN PAPILLOTE

Pour 4 personnes
Préparation : 20 minutes
Cuisson : 20 minutes

2 filets de hareng fumé doux
4 darnes de saumon de 200 g
2 blancs de poireau
1 carotte
1 branche de céleri
150 g de pois gourmands
80 g de beurre
sel, poivre du moulin

Préchauffez le four à 160 °C (th. 6).

Retirez les arêtes des filets de hareng à l'aide d'une pince à arêtes.

Épluchez et lavez les légumes. Taillez-les tous en fine julienne. Taillez également le hareng en julienne.

Préparez quatre grandes feuilles de papier sulfurisé. Répartissez la julienne de légumes au centre des quatre feuilles, posez les darnes de saumon dessus, puis garnissez le saumon de la julienne de hareng fumé. Déposez 20 g de beurre sur chaque darne de saumon. Salez légèrement (à cause du hareng), poivrez.

Repliez les feuilles de papier sulfurisé de façon à obtenir des papillotes hermétiques. Agrafez-les pour les maintenir fermées, rangez-les sur une plaque et faites cuire 20 minutes au four.

Ouvrez les papillotes à table.

Conseil

Le saumon sera vite cuit et les légumes tendres mais encore croquants – à condition d'avoir été taillés très finement.

SAUMON RÔTI AU FOUR **EN CROÛTE** DE SEL

100

Pour 6 personnes
Préparation : 15 minutes
Cuisson : 25 minutes

1 saumon de 1,5 kg, vidé et ébarbé
1,5 kg de gros sel marin gris
1 kg d'algues fraîches
1 recette de sauce crémé d'échalote (voir page 25)

Préchauffez le four à 250 °C (th. 8-9).

Placez un tiers des algues à l'intérieur du poisson. Hachez le reste des algues et mélangez-le au gros sel.

Étalez un lit de gros sel aux algues dans le fond d'un grand plat à four ou d'une plaque. Déposez-y le poisson et recouvrez-le d'une couche régulière de gros sel en laissant dépasser la tête et la queue.

Faites cuire 25 minutes au four.

Portez le saumon à table dans sa croûte de sel et brisez celle-ci devant vos invités.

Servez avec une sauce crémé d'échalote.

Conseil
La sauce crémé d'échalote peut être parfumée au curry si vous le désirez.

SAUMON CUIT AU FOUR À MICRO-ONDES

Pour 4 personnes
Préparation : 10 minutes
Cuisson : 3 minutes

4 pavés de filet de saumon avec la peau, écaillés
le jus de 1/2 citron
1 citron entier
2 belles tomates
4 branches de menthe fraîche
huile d'olive
sel, poivre du moulin

Coupez les tomates et le citron en tranches fines, émincez les feuilles de la menthe fraîche. Salez et poivrez les pavés de saumon.

Dans un plat, étalez 1 couche de tranches de tomate et de citron, déposez-y les pavés de saumon sur le tout. Recouvrez de tranches de tomate et de tranches de citron, et arrosez d'une bonne rasade d'huile d'olive.

Faites cuire au four à micro-ondes pendant 3 minutes, puissance 600.

Ajoutez la julienne de feuilles de menthe juste avant de servir.

Conseil

Comme la plupart des recettes de ce livre, celle-ci est destinée à vous guider pour un mode de cuisson – ici, le four à micro-ondes. Vous pouvez improviser sur cette base et essayer d'autres garnitures.

BLANQUETTE DE SAUMON AUX TRUFFES

Pour 4 personnes
Préparation : 30 minutes
Cuisson : 25 minutes

40 cl de bouillon de volaille
40 cl de fumet de poisson ou de jus de coquillages (voir pages 20 et 21)
1 oignon émincé
1 carotte
1 bouquet garni (thym, laurier, queues de persil)
250 g de petits champignons de Paris nettoyés et émincés ou coupés en quatre (selon leur taille)
800 g de filet de saumon, sans peau et sans arêtes
1 truffe fraîche de 30 à 50 g
30 g de beurre
30 g de farine

Pour la sauce

1 jaune d'œuf
2 cuillerées à soupe de crème fraîche
le jus de 1/2 citron
20 g de beurre

Mélangez le bouillon de volaille et le fumet de poisson. Ajoutez l'oignon, la carotte et le bouquet garni. Portez ce mélange à ébullition et laissez frémir 10 minutes. Prélevez-en un peu et faites-y cuire les champignons de Paris pendant 10 minutes.

Découpez le saumon en dés de 3 cm environ et pochez-les 5 minutes dans le fumet juste frémissant. Retirez-les avec une écumoire et gardez-les au chaud dans un plat de service.

Filtrez le fumet, coupez les carottes en dés et réservez-les au chaud avec les champignons et la moitié de la truffe coupée en petits dés. Mélangez le fumet et le jus de cuisson des champignons. Faites réduire légèrement sur feu moyen.

Pendant ce temps, faites fondre le beurre dans une casserole, ajoutez la farine et faites cuire 3-4 minutes en remuant. Hors du feu, ajoutez le fumet, mélangez bien et faites cuire sur feu doux jusqu'à obtention d'une sauce liée.

Fouettez le jaune d'œuf avec la crème fraîche et le jus de citron. Versez un peu de sauce chaude dans le bol, mélangez, puis reversez le tout dans la sauce. Laissez épaissir sur feu doux en remuant et terminez en ajoutant le beurre et la garniture de carotte et de champignons. La sauce doit napper la cuillère. Rectifiez l'assaisonnement et versez le tout sur le saumon gardé au chaud. Garnissez de belles tranches de truffe et servez.

Conseil

Préparée sans truffe, cette blanquette sera moins festive, mais toujours délicieuse.

SOUPE À LA TÊTE DE SAUMON

Pour 4 personnes
Préparation : 30 minutes
Cuisson : 35 minutes

1 tête de saumon avec un peu de chair
1 queue de congre
500 g de tomates fraîches
10 cl d'huile d'olive
2 carottes émincées
2 oignons émincés
3 gousses d'ail émincées
1 cuillerée à soupe de concentré de tomate
1 bouquet garni (thym, laurier, queues de persil)
30 cl de vin blanc sec
1 trait de pastis
1 recette d'aïoli (voir page 28)
sel, poivre du moulin

Rincez la tête de saumon et la queue de congre à l'eau froide, égouttez-les dans une passoire. Retirez les ouïes et les yeux du saumon. Dans une grande casserole, couvrez d'eau la tête de saumon et le congre. Portez à ébullition et faites cuire 5 minutes à frémissement. Ce temps écoulé, égouttez le saumon et le congre, prélevez la chair des joues et du collier. Réservez le bouillon de cuisson.

Ébouillantez les tomates quelques secondes et pelez-les. Hachez-les au couteau.

Faites chauffer l'huile d'olive dans une grande cocotte, faites-y revenir les carottes, les oignons et l'ail jusqu'à ce que les carottes soient caramélisées. Ajoutez alors la tête de saumon et la queue de congre, puis les tomates fraîches hachées, le concentré de tomate et le bouquet garni. Laissez suer quelques instants, puis mouillez avec le bouillon des poissons et le vin blanc sec. Salez et poivrez, faites cuire 30 minutes sur feu doux.

Ce temps écoulé, passez la soupe au tamis. Rectifiez l'assaisonnement, ajoutez le trait de pastis et les morceaux de saumon réservés.

Servez avec des tranches de pain grillées et frottées d'ail, le tout accompagné d'un aïoli.

Conseil

Une tête de saumon, un morceau de congre, voilà qui est facile à récupérer pour un prix modique chez votre poissonnier. Et cela fait une soupe délicieuse !

CONSERVE DE SAUMON

Pour 1 bocal de 1 litre
Préparation : 15 minutes
Stérilisation : 45 minutes

500 g de dos de saumon sans la peau, coupé en gros morceaux
1 feuille de laurier
1 branche de thym
1 branche d'estragon
1 piment rouge frais moyen
1 piment oiseau
1 trait d'huile d'olive
sel, poivre du moulin

Dans le bocal, introduisez les morceaux de saumon. Ajoutez le laurier, le thym, l'estragon et les piments. Ajoutez quelques cuillerées d'huile d'olive, poivrez au moulin et salez très légèrement.

Fermez le bocal et stérilisez pendant 45 minutes.

Servez froid ou chaud avec une bonne salade de pommes de terre en robe des champs assaisonnées tièdes avec une vinaigrette et beaucoup d'herbes.

Conseil

Une bonne conserve pour l'hiver, à réaliser dans une marmite à stériliser ou simplement dans un autocuiseur. Vous pouvez réaliser autant de bocaux que vous désirez en multipliant les proportions.

TERRINE DE SAUMON

Pour 4 personnes
Préparation : 40 minutes
Cuisson : 35 minutes
Réfrigération : 4 heures

500 g de chair de saumon sans peau ni arête
3 cuillerées à soupe de crème fraîche épaisse
1 cuillerée à café rase de poudre de quatre-épices
1 blanc d'œuf légèrement battu
le jus de 1 citron
150 g de haricots verts frais, effilés
20 g de beurre fondu
3 ou 4 œufs durs (selon la longueur de votre terrine), écalés
sel, poivre blanc du moulin

La fondue d'oseille
1 botte d'oseille fraîche, lavée, équeutée et égouttée
2 échalotes finement ciselées
30 g de beurre
200 g d'épinards frais, équeutés et lavés

Préchauffez le four à 160 °C (th. 5-6).

Préparez la fondue d'oseille : faites fondre le beurre dans une casserole et faites-y suer l'échalote jusqu'à ce qu'elle soit translucide. Ajoutez l'oseille et faites-la fondre sur feu doux en remuant avec une cuillère en bois. Ajoutez les épinards et laissez cuire encore 5 minutes. Mixez et laissez refroidir.

Mixez la chair de saumon avec la crème fraîche, le quatre-épices, sel et poivre blanc du moulin. Incorporez le blanc d'œuf et le jus de citron.

Faites cuire les haricots verts 3 ou 4 minutes à l'eau bouillante salée, puis plongez-les dans de l'eau glacée et égouttez-les de nouveau.

À l'aide d'un pinceau, beurrez l'intérieur de votre terrine. Étalez d'abord une couche régulière de farce de saumon et tapissez-en les bords du récipient jusqu'au sommet afin d'avoir une terrine bien nette. Étalez ensuite une couche régulière de fondue d'oseille, puis alignez des haricots verts cuits sur cette fondue.

Déposez les œufs durs au centre de la terrine en coupant les deux extrémités de chaque œuf afin de bien les aligner bout à bout. Recouvrez du reste de fondue d'oseille et de haricots verts. Terminez par le reste de saumon, puis enveloppez la terrine d'une feuille d'aluminium bien serrée.

Posez sur le feu un grand plat en métal contenant de l'eau, déposez-y la terrine et faites chauffer. Quand l'eau frémit, mettez le tout au four. Faites cuire 35 minutes à température constante. Testez la cuisson en piquant la terrine avec une brochette en bois : si elle ressort propre, la terrine est cuite.

Laissez refroidir au moins 4 heures au réfrigérateur. Servez avec une sauce tartare ou une sauce gribiche (pages 27 et 28).

Conseil

Vous pouvez démouler la terrine et la servir sur un plat, tranchée et entourée de cresson, ou trancher directement dans la terrine.

ASPIC DE **SAUMON**

Pour 4 personnes
Préparation : environ 1 h 30
Cuisson : 5 minutes
Réfrigération : 12 heures

500 de chair de saumon sans peau ni arête
1 litre de court-bouillon pour saumon (voir page 20)
60 cl de fumet de poisson (voir page 20)
6 g de gélatine (3 feuilles de 2 g)

Pour le décor
Olives noires dénoyautées, courgette, radis noir, poivron rouge, petits pois cuits, haricots verts blanchis…

Plongez le saumon dans le court-bouillon froid. Faites chauffer et, à frémissement, retirez du feu. Égouttez le saumon et laissez-le refroidir.

Faites tremper la gélatine 20 minutes dans de l'eau froide. Égouttez-la. Portez à frémissement le fumet de poisson, retirez du feu et ajoutez la gélatine. Mélangez bien. Laissez tiédir.

À l'aide d'un pinceau, badigeonnez l'intérieur d'un moule avec la gélatine à demi prise. Laissez prendre 10 minutes au réfrigérateur, puis recommencez plusieurs fois jusqu'à ce que le moule soit bien enrobé de gélatine.

Déposez les morceaux de saumon dans le moule en les intercalant avec les éléments décoratifs : rondelles d'olive noire, lasagne de courgette blanchie taillée avec un économe, petits losanges de poivron rouge pelé, petits pois cuits, haricots verts blanchis, etc. On peut commencer par décorer le fond de rondelles d'olive. À chaque couche de saumon, ajoutez de la gélatine à ras bord et procédez à la couche suivante. Salez et poivrez chaque couche. Terminez en coulant le reste de gélatine.

Faites prendre 12 heures au réfrigérateur.

Conseil

Servez avec une vinaigrette épaisse, bien moutardée, au vinaigre balsamique, additionnée au dernier moment de fines herbes (persil plat, estragon, cerfeuil).

SAUMON ET FOIE GRAS SAUCE PÉRIGUEUX

Pour 4 personnes
Préparation : 30 minutes
Cuisson : 35 minutes

4 pavés de filet de saumon de 200 g chacun, écaillés
200 g de foie gras de canard frais
50 g de truffe noire fraîche
10 cl de porto tawny
40 cl de fond de veau
50 g de beurre
sel, poivre du moulin

Préparez d'abord la sauce Périgueux : faites réduire le fond de veau de moitié. Il doit être légèrement onctueux.

Brossez la truffe sous l'eau froide. Essuyez-la et pelez-la. Hachez les pelures.

Faites fondre 15 g de beurre dans une casserole et faites-y revenir les pelures de truffe pendant 3 minutes sur feu doux. Poivrez bien, ajoutez le porto et laissez réduire à consistance sirupeuse. Ajoutez le fond de veau et laissez encore réduire sur feu très doux pendant que vous préparez les autres ingrédients.

Faites fondre 20 g de beurre dans une poêle. Salez et poivrez les pavés de saumon et faites-les saisir 2 minutes côté peau, puis 1 minute côté chair. Retirez-les et réservez-les dans une sauteuse. Versez la sauce Périgueux sur les pavés de saumon et terminez la cuisson 5 minutes sur feu très doux.

Découpez le foie gras en 4 escalopes de 50 g, salez-les et poivrez-les. Saisissez-les sur feu vif, 1 minute sur chaque face, dans une poêle antiadhérente.

Taillez la truffe en fines lamelles.

Dressez les pavés de saumon sur 4 assiettes, en recouvrant chacun d'une escalope de foie gras. Nappez de la sauce Périgueux et entourez de belles lamelles de truffe.

Conseil

Vous pouvez acheter la sauce Périgueux dans le commerce, mais choisissez-la d'excellente qualité et n'omettez pas les lamelles de truffe fraîche pour ce plat festif pourtant très facile à préparer.

RAVIOLES DE SAUMON AU CAVIAR

Pour 4 personnes
Préparation : 35 minutes
Cuisson : 2 ou 3 minutes

500 g de chair de saumon sans peau et sans arête
250 g de champignons de Paris
150 g de pousses de soja
1 sachet de feuilles de pâte pour ravioles chinoises
50 cl de consommé de volaille
1 recette de sauce crémé d'échalote (voir page 25)
100 g de caviar
sel, poivre du moulin

Épluchez et lavez les champignons. Séchez-les dans du papier absorbant, puis émincez-le en petits dés. Rincez les pousses de soja, égouttez-les et émincez-les.

Coupez la chair de saumon en petits dés. Mélangez le saumon, les champignons et les pousses de soja. Salez et poivrez cette farce.

Étalez 4 feuilles de pâte à ravioles et déposez un peu de farce au milieu. Humectez les bords de la pâte avec un pinceau et posez une autre feuille dessus. Pressez bien les bords pour les souder. Confectionnez ainsi 24 ravioles.

Portez à frémissement le consommé de volaille dans une sauteuse et déposez-y les ravioles. Faites-les cuire doucement ; dès le retour de l'ébullition, elles sont cuites. Retirez-les avec une écumoire et déposez-les dans 4 assiettes creuses chauffées.

Ajoutez le caviar à la sauce crémé d'échalote chaude ; nappez-en les ravioles et servez immédiatement.

Conseil

La sauce crémé d'échalote peut être remplacée par une sauce américaine (voir page 24) à laquelle vous ajouterez le caviar. La pâte pour ravioles chinoises (*won ton*) peut être achetée dans les magasins de produits asiatiques.

SAUMON EN RAVIOLES AUX LÉGUMES

Pour 4 personnes
Préparation : 30 minutes
Cuisson : 6 minutes

8 grandes et fines tranches de filet de saumon (environ 15 cm de diamètre)
1 blanc de poireau
1 carotte
1 navet blanc
1 branche de céleri
8 langoustines fraîches ou 8 gambas crues
1 citron non traité
60 g de beurre
huile d'olive
sel, poivre du moulin

Préchauffez le four à 200 °C (th. 7-8).

Nettoyez et lavez tous les légumes. Émincez-les tous en fine julienne et faites blanchir celle-ci 30 secondes à l'eau bouillante salée. Retirez la julienne avec une écumoire et plongez-la dans de l'eau glacée, puis égouttez-la de nouveau soigneusement.

Étalez une feuille de papier sulfurisé sur une plaque de four et badigeonnez-la d'huile d'olive au pinceau sur toute sa surface. Posez sur cette feuille 4 tranches de saumon. Répartissez la julienne de légumes au milieu de chacune des 4 tranches.

Décortiquez les queues des langoustines ou des gambas. Si vous utilisez des gambas, passez-les 1 minute à la vapeur pour les raidir. Déposez-les sur la julienne de légume (2 par portion).

Râpez un peu de zeste de citron sur le tout, salez et poivrez, et finissez par une noisette de beurre. Recouvrez chaque raviole d'une tranche de saumon et enduisez-la d'huile d'olive au pinceau. Percez le centre de chaque raviole avec la pointe d'un couteau et faites cuire le tout 6 minutes au four.

Conseil

Vous pouvez servir avec des tranches de citron et un peu de jus de veau bien réduit pour corser le goût.

ANNEXES

INDEX
DE
A à Z

A

Aspic de saumon **112**

B

Blanquette de saumon aux truffes **104**

C

Carpaccio de saumon **38**
Carpaccio de saumon aux œufs de hareng **42**
Carpaccio de saumon, fenouil et carotte **40**
Choucroute au saumon fumé **62**
Conserve de saumon **108**

G

Gravlax (saumon mariné à la scandinave) **50**
Gravlax à l'émincé de chou vert **90**

H

Hamburger de saumon **78**

M

Médaillons de saumon cru et de veau **54**
Merlan en voile de saumon, jus de persil **82**
Mousse de saumon fumé au caviar **72**

P

Pommes de terre au diable et gravlax **92**

R

Ravioles de saumon au caviar **116**
Rillettes de saumon fumé **66**
Risotto au saumon fumé **70**
Rouleaux de saumon fumé, peau de saumon grillée **60**

S

Salade au saumon fumé **64**
Saumon à l'unilatéral **84**
Saumon à la vapeur d'aneth **96**
Saumon au four à la tapenade **94**
Saumon confit à la graisse de canard **80**
Saumon cru, topinambour et tapenade **48**
Saumon cuit au four à micro-ondes **102**
Saumon en ravioles aux légumes **118**
Saumon et foie gras sauce Périgueux **114**
Saumon et légumes en papillote **98**
Saumon fumé au court-bouillon **74**
Saumon fumé maison **58**
Saumon poché entier **88**
Saumon pommes à l'huile (gravlax façon hareng) **52**
Saumon rôti au four en croûte de sel **100**
Soupe à la tête de saumon **106**

T

Tartare de saumon **44**
Tartare de saumon aux œufs de saumon et radis noir **46**
Terrine de saumon **110**

V

Ventrèche de saumon façon milanaise (tablier de la mer) **86**
Verrine de saumon fumé au potimarron **68**

INDEX DES SAUCES

AÏOLI 28
Soupe à la tête de saumon **106**

COURT-BOUILLON 20
Aspic de saumon **112**
Saumon fumé au court-bouillon **74**
Saumon poché entier **88**

FUMET DE POISSON 20
Aspic de saumon **112**
Blanquette de saumon aux truffes **104**
Choucroute au saumon fumé **62**
Risotto au saumon fumé **70**

JUS DE COQUILLAGES 20
Blanquette de saumon aux truffes **104**
Choucroute au saumon fumé **62**
Merlan en voile de saumon, jus de persil **82**

MAYONNAISE 26
Saumon poché entier **88**
Ventrèche de saumon façon milanaise (tablier de la mer) **86**

MAYONNAISE POMME-CURRY 27
Ventrèche de saumon façon milanaise (tablier de la mer) **86**

ROUILLE SAFRANÉE 29
Saumon au four à la tapenade **94**

SAUCE AMÉRICAINE 24
Saumon en ravioles aux légumes **118**

SAUCE CRÉMÉ D'ÉCHALOTE 25
Ravioles de saumon au caviar **116**
Saumon rôti au four en croûte de sel **100**

SAUCE GRIBICHE 28
Terrine de saumon **110**

SAUCE MOUTARDE 50
Gravlax (saumon mariné à la scandinave) **50**
Pommes de terre au diable et gravlax **92**
Saumon à la vapeur d'aneth **96**

SAUCE RÉMOULADE 86
Carpaccio de saumon, fenouil et carotte **40**

SAUCE TARTARE 27
Terrine de saumon **110**

REMERCIEMENTS

Je remercie les éditions de La Martinière, et particulièrement Florence Lécuyer et Laure Aline, pour m'avoir donné l'occasion de m'exprimer en tant que cuisinier sur un produit qui mérite d'être valorisé.

Merci aussi à Catherine Madani et à Virginie Martin pour avoir si bien interprété le saumon par l'image, et à Sophie Brissaud pour son aide et sa complicité.

Je tiens enfin à remercier l'Ambassade de Norvège qui, vers 1984, m'a permis de découvrir l'aquaculture en général et celle du saumon en particulier.

Jacques Le Divellec

Sophie Brissaud désire remercier l'équipe de La Martinière : Florence Lécuyer et Laure Aline.

Et Jacques Le Divellec pour sa confiance et son amitié.

SHOPPING

ALINEA
www.alinea.fr
ASA Sélection
www.asa-selection.de
CONRAN SHOP
www.conranshop.fr
C.F.O.C
www.cfoc.fr
DEMEYERE
www.demeyere.be
JAUNE DE CHROME
7 rue Royale 75008 Paris
JARS
www.jarsceramistes.com
JIA
www.jia-inc.com
J. L COQUET
www.jlcoquet.com
MONTGOLFIER
www.montgolfier.fr
RESSOURCES Peintures
www.ressource-peintures.com
SERAX
www.serax.com
VIRAGES
www.virages.fr
ZARA HOME
www.zarahome.com

Photogravure : APS Chromostyle à Tours

Achevé d'imprimer en février 2012 sur les presses de Pollina à Luçon - L60150

Dépôt légal : avril 2012

Imprimé en France